JN411824

# 아름다운 정원

# 아름다운 정원

김숙 시집

신아출판사

# 작가의 말

밀려오는 불안 오늘도 안개 속을 헤맨다.

눈 밝은 사람은 이해 할 수 없는 안개속

썼다 지웠다 오자가 판을 처 최선을 다 해보지만 농익은 황반변성 언제 어떻게 될지 모르는 현실 속에서 눈을 몇 번을 비벼봐도 효과 없는 조바심이 마음을 무겁게 한다. 할 때마다 밀려드는 조심성 하면 할수록 어려운 창작활동 무리한 욕심으로 제4집을 꾸미는 기대감은 크다.

마음대로 안 되는 인생살이 원칙 없는 생로병사 앞에서 해 보자는 마음으로 마지막 발악인지 모른다.

부족하고 서투른 글귀 이나마라도 보일 때 주변의 이야기들을 행복으로 승화해보는데 뜻을 가지고 어둠이 더 밀려오기 전에 한 줄 한 줄 정성 모아 조심스럽게 엮어 봤다.

시 창작 활동에 건강상 휴식 하면서 모아본 시와 시조로 "아름다운 정원" 제4집을 시험적 작품으로 나름대로 시도했다.

사랑하는 가족들의 격려와 책이 나올 수 있도록 물심양면 도와주신 모든 분들과 기쁨을 같이 하고 싶다.

제4집을 내면서
2014년 가을을 보내면서
사포 김 숙

| 목차 |

## 1부 가랑잎

## 2부 바보가 된 나

## 3부 울타리 안 우리

## 4부 이사 가는 날

# 1부

# 가랑잎

# 감나무

베란다 화분에서
가냘픈 삶 사는 나무

눈 뜨면 마주하고
웃으며 인사했지

물 한 모금 받아 마시며
잎을 내고 꽃을 피웠지
작은 열매도 몇 개 달았지

비바람 모르는 창안에서도
가을 가는 줄 어찌 알고
잎을 떨구네
세월 무심하다고 옷을 벗고 있네

# 시여울 창작교실

친구 소개를 받고 찾아간 영등 도서관
시 여울 창작교실 물어물어 조심스레 문을 열지만
가슴 두근두근 대고 마음 조마조마 하여
당장 돌아서 뛰쳐나오고 싶다
무슨 끈이라도 있으면 당장 매달리고 싶다

어렵게 찾아든 이곳 시 창작교실
서리 하얗게 내린 머리 어쩔 수 없지만
분홍색 인생 다시 꿈꾸며
잘 알아듣지 못하는 교수님 말씀
열심히 듣고 정성껏 적는다

새로 만난 친구들
어색한 웃음 속에 눈이 빛난다
노년의 주름진 웃음이지만
시를 꿈꾸는 눈초리 팽팽하기만 하다
처음 시작하는 설레는 이 시간
남은 인생 중 가장 이른 시간이다

## 시가 좋아 모인 사람들

나뭇잎 한잎 두잎 꽃비 내리는 갈색 가을
단풍잎 멋부리는 행복 속에 멋진
전북의 여류문인들 시가 좋아 여기 모였다

뜨거운 열정으로 회원 안는 작은 거인
애정의 눈빛으로 또 하나의 정 드러낸다
문인들 가을나들이 새 글감 찾는 기쁜 날

진천의 종박물관 역사 속에 우리의 혼
종 울림 소리마다 혼이 담긴 외침이다
애밀래 애절한 울림 아이의 슬픈 여울

# 가랑잎

가을이 남기고 간
바람 부는 쓸쓸한 거리

가랑잎 제철 잃고
이리저리 몸 궁굴리며
갈 길 찾아 헤매지만
갈 곳은 없다

코앞에 다가온 겨울 앞에서
매서운 바람에 등 떠밀려
찾아든 곳 청소부 빗자루 아래

귀찮은 한 줌 쓰레기 되어
청소차에 실려 간다

# 예쁜 여우 1

꽃보다 예쁜 여우
꽃같이 예쁜 여우

한 방에 깡충깡충
예쁜 토끼 예쁜 여우

엄마의 꽃가마 타고
사랑 싣고 찾아왔네

예쁜 딸 웃는 소리 달덩이도 따라 웃고
행복한 울타리 안 사랑꽃이 활짝 폈네
더 이상 좋을 게 없어 넋두리가 제격이네

# 예쁜 여우 2

문갑 위 올라앉아
밝은 표정 예쁜 여우

가슴에 이름 두 자
안고 앉아 미소 짓네

평생을 그 자리에서
말 한마디 없는 여우

원불교문학회에서 받아온 예쁜 여우
그 자태 앙증맞아 볼수록 정이 간다
한번만 웃어 주면 덧이 나나 문학 상패

# 예쁜 여우 3

분 냄새 풍기면서
웃음 주는 예쁜 여우

명쾌한 입담으로
만인을 사로잡고

하얀 이 갈색 눈동자
애교 만점인 여인

맑은 눈 고운 성품 티 없이 순수한 여인
포근한 인간미가 변함없이 기쁨 주네
사리 분명한 여인 복지관에서 만난 여우

# 언제나 청춘

복지관 백발 속에
활짝 웃는 카네이션

예쁜 손 정성 모아
종이 접어 달아준 꽃

어르신 가슴 가슴에
빨간 꽃이 행복 준다

인생은 세월 가면 본성은 흔적 없는데
십 년이 백 년이 가도 언제나 너는 청춘
내 청춘 흘러간 자리 네가 있어 보기 좋다

## 산 그림자

높은 산
산 그림자
햇살 받고 의젓하다

세상은
소란하나
너만은 평화롭고

새 노래
바람 소리에
하루하루 행복하다

산허리 부여잡고
노을 속에 웃는 얼굴

석양에 걸터앉아
둥지 찾는 산 그림자

어둠에 해님 묻힐 때
산 그림자 잠이 든다

# 납골당

우뚝 서 있는 하얀 집
이웃 없이 홀로 선 외로운 집
세상 싫다고
떠나는 친구
가슴열고 안아 주는 집

# 감성 없는 용기

몰라서 묻는 용기
순박한 인성이다

없는 듯 입 다물면
수치는 면하련만

헛똑똑 날뛰는 용기
자신 죽고 남 죽인다

세상에 날개 달고 무수히 떠도는 말
고위층 자리 위세 욕심으로 행복 잃고
헛용기 용감하지만 목숨을 자르는 칼

# 위봉산 고갯길

한적한 산모퉁이
언덕길이 꼬불꼬불

고통의 몸부림에
그림자도 술렁이고

높은 산꼭대기에서
들려오는 휘파람

자동차 부릉부릉 힘겨워서 신음소리
위봉산 좋은 경치 임자 없는 풀과 나무
숨소리 되돌아오는 산울림도 떨고 운다.

# 빗방울

똑똑똑
새벽부터
노크하는 반가운 손님

찾아온
빗방울이
생명 끈 이어준다

목마른
대지 만물에
활력소요 영양제다

요란한 빗줄기로
희망 찾은 삼라만상

세상은 물에 잠겨
몸은 없고 눈만 떴다

하늘이 내려준 선물
풍요해진 우리 인심

# 상처와 후회

배려하라 겸손하라 맨날맨날 듣는 소리
삭히지 못한 말이 상처 주는 언중유골
불쾌와 노여움으로 독이 되어 돌아온다

순간의 실수지만 되돌릴 수 없는 행동
지울 수 없는 언행 듣는 마음 상처가 돼
백 번을 후회하지만 그 꼬리는 끝이 없다

# 낮잠

기상청 일기예보 가늠 못할 기온 변화
유월의 수은주가 삼십사 도 열대야까지
나른한 무기력증에 낮잠이 몰려온다

점심 뒤 어김없이 찾아드는 춘곤증을
잠깐의 낮잠으로 행복 만점 기쁨 만점
시원한 선풍기 바람 더위를 실어간다

# 숙 자매

남편의 옛 직장동료들 아파트에서 만났다
같은 동 같은 라인 같은 종교 신기한 만남
전생에 인연이었나 하느님이 주신 이웃

이렇게 희한할까 아내들 이름자 숙자돌림
숙부터 정숙 계숙 미묘한 만남 숙 자매
우연히 아주 우연히 천상의 세 가정 만남

영특한 정숙 기사 수고 빌려 가을 나들이
꽃게에 전어 광어 눈 풍년에 맛 풍년까지
가을을 즐기는 만남 숙 자매 최상의 하루

남편님 건강 지켜 우리 곁을 지켜주세요
님들의 큰 건강이 우리들의 행복입니다
홍원항 갈대밭 숲길 추억 쌓는 숙 자매

# 빈 깡통

금방 전 화려했던
너의 모습 어디 가고

왜 이리 굴해졌나
뒹굴며 우는 저 꼴

사는 게 힘들었더냐
그 몰골이 흉칙하다

세상을 주름 잡고 날뛰던 하루살이
호화도 잠시였군 좋을 때 잘 지킬 걸
목청은 요란도 하다 실속 없는 천둥소리

# 거미의 일생

인간의 머리로는 생각 못할 신기한 집
사람의 도움 없이 날줄 씨줄 영역 엮어
지붕도 창도 없는 집 그네에서 한해살이

긴 여름 햇볕 속에 모든 세파 이겨내고
일생을 생존 경쟁 필요 없이 그네 생활
누구든 지나가다가 걸리면 거미는 횡재

# 수다는 행복의 씨앗

성씨가 각각 다른 다섯 명의 만남이다
사랑과 믿음으로 만나 보면 즐거운 날
영원히 우리 영원히 모두가 건강하게

우물 안 개구리들 바깥 구경 특별한 날
분위기 휘어잡는 입담 좋은 안선 친구
남편님 특별한 봉사 행복이 열 배였다

만나서 눈 맞추고 농담하고 수다떨고
하루가 즐거우면 한평생이 즐겁다고
수다는 행복의 씨앗 수다 속에 행복 있다

# 태극권 시합날

복지관 백발청춘 태극권 시합 나간다
이른 시간 안개 이슬 헤치고 출발
녹음방초 우거진 이름 모를 시골길
생명력 과시하고 약동하는 유월 녹음
곧게 뻗은 신작로 따라 고창 체육관에

먼저 도착한 많은 백조들 조명 아래에
태극권으로 거둔 기량 폼내고 웅성웅성
나름대로 우승을 목표하고 열중한다

등급에 여념 없이 하루를 아름답게
즐기면서 이긴들 진들 어찌하랴
우정으로 쌓는 잔치 황혼 속에 청춘인데

노래 속에 박수 속에 회춘하는 오늘
알콩달콩 즐거운 날 태극권 시합날
백발청춘들 이날 이 시간만 머리에 두고
나이는 잊자 이것이 행복이다

2부

# 바보가 된 나

# 녹음 속에서

봄향기 그윽한 싱그러운 오월의 초원
겹겹이 산봉우리 병풍 두른 계룡산 속
가족들 시간 잡아서 여가를 즐기는 날

숲 향기 숨쉬는 곳 녹음 속의 우리 가족
믿음과 사랑으로 행복 이불 덮고 앉아
이야기꽃 피는 자리 피로를 풀어간다

시멘트 숲에 갇혀 핸드폰이 친구였던
아이들 다람쥐되 숲 속을 누비고 뛴다
섭섭한 작별의 시간 아쉽지만 손 흔든다

# 돈

돈이란 잡힐 때 잘 지키면 소중한 보물
사랑도 영화도 돈 앞에서 이루어지고
돈이란 꼭 필요한 것 있어야만 활발한 것

돈이란 이기주의 눈도 발도 없는 괴물
가진 자 더 채우려 과욕으로 무자비하고
직위나 권력 앞에서 체면도 안하무인

돈 앞엔 유무식이 상관없이 깃발 날리고
천륜도 서슴없이 목자르는 무서운 칼
빈부의 차등 속에선 유전무죄 무전유죄

세상은 요지경속 뭐가 옳고 뭐가 그른가
무자비 속에서도 목소리만 크면 이기고
결국은 세상살이가 돈에 울고 돈에 죽는다

# 종

용광로 끓는 물에 몸 담그고 태어났다
구석진 처마 끝에 쓸쓸하게 목매달고
혼자는 못 이루는 뜻 바람의 손 빌린다

아침에 웃는 햇살 문안하고 포옹해도
가슴속 쌓인 소망 못 전하고 바람에 맡겨
맞아야 함성 지르고 멋진 소리 여울 남긴다

# 바보가 된 나

복사꽃 살구꽃이 곱게 웃던 낭랑 십팔세
곱게 딴 갈래머리 꽃댕기를 팔랑이고
가슴에 묻어 두었던 옛모습 생각난다

나이는 못 말리어 육신 곳곳이 고장일세
벗겨낸 양파처럼 허무해진 마음의 병
바보가 되어 버렸네 마음은 청춘인데

# 또 하나 내 딸

예쁜 딸 낳았다고 살림밑천 낳았다고
조상께 명복 받고 가족사랑 듬뿍 받고
하얀 볼 예쁜 보조개 활짝 웃던 한 송이 꽃

긴 머리 배낭 매고 수학여행 떠나던 날
세상을 후려치는 세월호 바다에 침몰
아이들 어떻게 하나 청천벽력 꿈이기를

세상에 나왔으면 꽃이라도 폈어야지
부모를 잘못 만나 부모 죗값 네가 받나
숨 막힌 캄캄한 물 속 꽃봉오리 숨 거뒀네

세상도 무정하다 어찌할꼬 예쁜 내 딸
보고파 가슴 치네 미치도록 보고 싶네
딸 이름 불러보지만 어디 가야 만나 보나

# 아들 잘 있지

고등학생 되었다고 폼 내던 우리 아들
부푼 꿈 가득 안고 수학여행 떠나던 날
하얀 이 보이면서 다녀올게 웃던 얼굴

뉴스 속보 세월호 진도 앞 바다에서 침몰
단원고 학생들 수학여행 제주도 가는 배
출항 불과 몇 시간 뒤 바다에 침몰이었습니다

꿈인가 생시인가 우리 아이들
청천벽력 꿈이기를 바라다가 실신한
300여 명 학부모들 무사하기만을 기원했는데
침몰 여러 달이 지나도록 소식이 없고
미치도록 보고 싶은 부모의 애닳음

기적이란 게 있다면 실오라기만 한 희망의 끈
붙잡고 엄마는 목 타게 기다릴 것입니다
일생의 황금기 고등학교 학창기
이렇게 버려서는 않돼 아들 일어서야 해
목메이게 아들 이름 불러봅니다

다하지 못한 책임 어른들의 잘못으로
꿈 피어 보지 못한 채 캄캄한 방 물 속에서
숨 거두는 고통 생각하니 가슴이 찢어집니다

마지막 소원인데
시신이라도 안아 보고 싶은 간절한 부모의 소망
애끓는 마음 미치도록 보고 싶은 아들의 얼굴
애절한 기도 심청이처럼 솟아오르기를
아픔만 홰쳐 오고 있습니다

## 슬픈 어버이날

기본적 상식조차 지키지 않은 자리였다
세상을 뒤흔들어 슬픔으로 눌린 어버이날
오늘을 잊어 버렸나 기다리다 목이 매인다

예쁜 손 카네이션 사들고 와 웃던 그 얼굴
꽃 피어 보지 못한 채 세상을 외면했다
목 타게 이름 불러도 대답 없는 메아리

책걸상 사랑하는 주인 잃은 아린 가슴에
한 송이 국화꽃만 눈물로 지키는 빈 자리
잘 있다 환생하여서 기쁨으로 다시 만나자

울음밖에 줄 게 없어 미안하다 친구들아
보고픈 마음으로 사진들만 들여다본다
오늘은 슬픈 어버이날 카네이션도 우는데

# 두부와 도토리묵

두부야
너는 좋겠어
얼굴이 하야니까
하야면
예쁘다고 하잖아

나는
이게 뭐람
평생 검은 때 벗지 못하고

그게 아니야
너는
나에게 없는
씩씩한 구릿빛
건강미가 있잖아

우리가 예쁘면 무엇하고
건강하면 무엇 하나
세상에 태어나서

인간에 사랑 한번 못 받고
상 귀퉁이만 지키다가
캄캄한 터널 찾아
슬픈 종말 맞는 걸

# 뒤로 밀린 무김치

고운 분 발라 놓고 맛 좋다던 댕기머리
새 손님 배추김치 만나 보고 외면한다
무김치 밀려 앉아서 모양새가 비참하다

한때는 밥상에서 인기였던 댕기 머리
무김치 우쭐대다 큰 매 맞고 처참한 꼴
아무도 없을 적에는 주인공이었는데

인간들 못된 습성 쓰면 뱉고 달면 꿀떡
냉정한 인간세계 내 운명을 좌우한다
한심한 세상 속으로 뛰어든 내가 잘못이지

# 봄동 겉절이

눈 쌓인 이랑에서 한파이긴 봄동 배추
얼은 땅 밀고 나와 햇볕 보고 자란 씨앗
싱그런 봄소식 듣고 너울너울 춤춘다

양념에 목욕하고 고춧가루 분 바르고
참기름 향수 뿌려 고소한 맛 뿜어내고
상 위에 올라 앉아서 많은 입을 유혹한다

입맛이 쩝쩝하여 이것저것 궁리하다
겉절이 새 맛으로 입맛 찾고 밥맛 찾아
씁쓸한 거친 입맛을 겉절이가 해결해 주네

# 시래기 새우탕집

새우탕 입맛 들여 찾아가는 새우탕집
저수지 둑 돌아서 소풍 가는 기분으로
멀지만 찾아가는 집 맛 좋고 인심 좋아

투박한 뚝배기 속에 새우랑 우렁이랑
물 보며 산을 보면 음과 양이 어울리고
전망이 좋은 장소라 가슴 트여 찾아간다

시래기 묵은 무청 들깨 향기 구수한 맛
맛있는 한끼 식사 먹거리로 손색 없다
그 맛에 반해 가는 집 시래기 새우탕집

# 포도

자연의 신비인가
인간의 기술인가

꽃처럼 숭얼숭얼
알알이 웃는 얼굴

태양열 용광로에서
몸 태우고 얻은 몸

고운 빛 가슴 안고
인간에게 덕 베풀고

태양빛 사랑받고
곱게 익은 검은 포도

운명의 꽃가마 타고
좋은 임 찾아간다

# 정이 숨쉬는 곳

알밤 삶아 놓고 친구 찾는 여인
수제비 끓여놓고 빨리 와라 부르는 여인
알밤 속에 수제비 속에 담겨진 뜨거운 정
순박하고 넉넉한 우리만의 뚝배기 같은 우정
여인은 부른다 빨리 와라 부른다

아낌없이 받는 시간 만나서 웃자
붙잡고 싶어도 달아나는 시간
미련 없이 후회 없이 세월의 고삐 잡고
철부지로 사는 거야

우리는 멋진 인생 파뿌리 인생
오늘은 다시 없다 만나서 웃자
수다 속에 젊음이 오고 행복이 온다
사심 없는 넋두리에 농담에 와이담에
내가 만들어 가는 내 행복

우리가 몇 백년 살건가 만나서 옹기종기
소문만복래 그래서 사랑 두 배 행복 열 배

세월 탓 하지 말고 남은 여생 즐기는 거야
살아 있는 것이 행복이다 만나서 웃자

# 검버섯 꽃밭

손으로 가려지는 작은 동산 예쁜 꽃밭
심지도 뿌리지도 않은 꽃이 활짝 웃네
인생의 연륜이라고 함께 가자 따라붙네

반가워하지 않는 예쁘지도 않은 꽃
젊음을 놓기 싫어 인술로 꺾어보지만
백발과 함께 가겠다 꿈쩍도 하지 않네

꺾이지 않는 꽃이 주인 되어 인상 구기고
주름꽃 따라가겠다 손 붙잡는 불청객
팔순을 쫓아온 증표라 어쩔 수가 없다네

# 영생반 선생님

정 만점 노래 만점 영생반 정 선생님
반 관리 소홀함 없이 다정다감 확실한 분
오늘도 밝은 미소로 반원 마음 사로잡는다

마음을 열어놓고 맞아주는 이른 아침에
오는 걸 보았다며 내 이름표 맨 위에 놓고
살며시 눈인사하고 이름표 건네준다

아무나 할 수 없는 뜨거운 정 마음의 표현
고마워 두 손 꼬옥 잡아 주고 윙크도 하고
좋은 임 만난 인연은 내 삶의 행운의 한 토막

# 유언비어

세상은 들떠 있다 눈만 뜨면 유언비어
유병언 죽었다 자살이다 타살이다
입에서 입으로 건너 진실처럼 떠도는 말

근거가 있다 없다 소득 없이 시끄런 소리
이 밝은 세상살이 왜 진실성 잃어가나
세상은 요지경 속이다 코에 걸면 코걸이

배움에 목메는 자라나는 우리 후손
배울 게 무엇인가 가르칠 게 무엇인가
진실로 살아가려도 본보기가 없구나

# 승강기에서 만난 사람

계단이 힘들어서 승강기를 탔다
남녀 두분이 타고 있었다
며칠 전 이사 와서 처음 만난 사람
서먹한 짧은 시간 짧으면서 먼 거리
거울만 바라보고 어색함을 달랜다

내리며 인사하다 보니 안면이 있는 사람
이걸 어쩌나 알고 보니 아래층 부부
만난 적이 있었건만 서로는 몰라 봤네
몰라본 미안함에 부끄럼만 남는다

# 사랑방 1

농한기 동네 사랑방 모이자 할 것도 없이
지팡이 의지하고 눈 묻은 신 툭툭 털고
찾아간 동네 사랑방 정 쌓는 만남의 광장

솔가지 뚝뚝 꺾어 대어 놓은 뜨끈한 아랫목
찐 고구마 물 한 그릇 누가 가져왔는지
행복이 기다리는 곳 정이 깊은 동네 사랑방

고구마로 점심 넘기고 새끼 꼬고 멍석 엮고
세상 소식 동네 소식 끝을 무는 동네 방송국
배우고 가르침 주고 인간 냄새 진지한 사랑방

앞질러 자식 자랑 손자 자랑 침이 마르고
시간을 쪼개 쓰는 우리 정서 사랑의 꽃밭
이제는 꿈나라에서나 만나 볼 추억의 방

# 사랑방 2

세상의 변화로 밀려난 우리 사랑방 정서
과학의 힘으로 원하는 건 다 이루고
원시 시대 벗어나서 우경牛耕 시대
산업시대 미디어시대 얼마 안 가면
제트 여객기가 나올 예정이라네
그 시대 오면 우리나라에서 뉴욕까지
불가 2시간이면 골인한다네

우리 삶의 경로변화
원시에서 우경牛涇까지는 열 배
우경에서 산업시대는 만 배로
산업시대에서 미디어 시대는 억 배로
달라지는 경로 달나라도 가는 시대
이렇게 급속도로 달라지는 세상

하지만 과학의 발달이
좋은 점만 있는 게 아니다
도덕성은 무너지고 위험물이 난발하고
옛 삼강오륜은 이름도 없어졌네

가족 간 친척 간 사제 간의 정은 물론
사촌도 친구도 없는 나 홀로 세상
어질 인仁은 없어지고 돈만 아는 세상
천륜도 없는 세상 어찌할꼬 한심하다

핸드폰 손에 들고 손가락 끝만 튼튼하면
사는 세상 이 세상 어찌하여 이렇게 됐나
고왔던 사랑방 정서 어디에서 다시 찾나

3부

# 울타리 안 우리

# 울타리 안 우리

비 오면 젖을세라 어두우면 넘어질세라
둘이서 우리 되어 바라보고 다독이고
가다가 힘들 땐 기댈 곳 울타리 안 우리
그 울타리 안에 사랑을 꽃 피우고 기쁨 있다

찬란한 세상 공간에 우리라는 공동체
소박한 가족 있어 우리의 삶 멋진 인생
행복한 울타리 안에 오뚝이 삶 그려간다
지켜주는 울타리 안에 언제나 행복한 우리

# 든든한 기둥

망망대해
홀로 서 있는 등대
바라만 봐도
힘이 솟는 우리 집 길잡이
든든한 기둥 홀로 아들

큰 가슴 활짝 열어
만인을 포용하고
새 생명 탄생시켜
천지를 진동시키는 거목

묵직하고 믿음직한 고운 성품
큰 바위 같은 넉넉한 품격
이 세상에 빛과 소금
든든한 기둥 하나뿐인 아들

# 보석 하나

고운 무지개 타고 왔나
꼬오옥 껴안고 싶은
예쁜 보석
가슴에 마음에 폭 안았다

모래밭에서
찾아 올린 보석 하나
단정한 성품 언제 봐도 구김 없는
예쁜 보석 하나 내 며느리

생각해보고
보고보고 또 봐도
이 세상에 둘도 없는
며느리 보석 하나

작은 것에 만족하고
사랑 주는 티 없이 밝은 미소
내 모든 것 다 주어도
부족함뿐이여라

# 하나 둘 셋

세 딸
잘 다듬어 놓은 정원 안에
고물고물 예쁜 꽃 세 송이
사랑에 눈이 밟혀
다소곳이 바라본다

보면 볼수록
봄 햇살 피어나듯
방긋 웃는 꽃 세 송이

믿음 주고 사랑 주고
아플세라 노심초사 알뜰살뜰
깊은 정 퍼붓는 예쁜 꽃 세 송이

하얀 웨딩드레스 살살 날리고
행복이 넘치던 그 미소
예쁜 꽃 사위 손에
꼬오옥 쥐어 주었다

인생 제2막 행복을 빌어준다
하나 둘 셋 딸 나의 보배
불면 날아갈까 놓으면 깨어질까

# 세 사위

비 온 뒤 맑은 하늘의 태양처럼
햇살 쏟아지는 밭이랑에 서서
사랑을 심고 행복을 엮는 세 사나이
큰 날개 활짝 피고 큰 둥지 트는 남자들

무쇠 팔 무쇠 다리 사나이다운 사나이들
씨 뿌려 희망 걸고 열매 거둔다
고생 뒤에 따라다니는 행복
내일을 열어가며 뿌린 만큼 거두리라

삼백예순날 초심으로
숨이 차게 삶의 터전 닦아간다
늠름한 모습 든든한 역군
건강미가 아름다운 세 사위

# 손자와 손녀

네 발로
엉금엉금
기며 놀던 강아지들

학교로
학원으로
쉴 틈 없이 바쁜 생활

강아지
사춘기 되어
목소리가 우렁차다

엄마 품 못 잊어서
울고 불고 하던 손녀

어느새 소녀 되어
학교에 간다 하네

할머닌 너무 신통해

물끄러미 바라보네

세상에 얼굴 내민 불꽃 튀는 태양 되어
여덟 놈 철 들어서 부모 마음 읽어 주고
작은 씨 낙락장송 되어 무서울 게 없는 놈들

# 늘 푸른 나무

늘 푸른 정원 안에 건강한 나무 한 그루
건강한 가지마다 꽃송이가 방울방울
큰 송이 작은 꽃송이 열매되어 풍광인다

세상 속 넓은 땅에 밭 이루고 씨앗 뿌려
곳곳에 뿌리 박고 사랑 받고 열매 열어
평화가 넘치는 동산에 늘 푸른 나무 한 그루

# 부부의 신선한 소망

걸어온 세월 앞에 머리 대고 오십삼 년
한 걸음 한발 마다 거듭 쌓인 희로애락
검버섯 꽃밭 이루어 그 세월이 팔십이네

어깨야 허리 다리야 입에 붙은 싫은 노래
건강을 지키는 것 서로 약속하였지만
불청객 그게 아니다 목소리마저 앗아 간다

불청객 몰아내려 갖은 방법 다 쓰지만
잔주름 떼 지어와 갈 곳 없다 때를 쓰네
부부의 신선한 소망 남은 행복 웃으며 가자

# 만족과 행복 알란가 몰라

막내딸 이사 앞에 만족함이 없겠지만
꿈꾸던 생각만큼 엇갈리는 생활 형편
넘치는 화려함보다 약간씩은 부족함도

화려함 버금 가는 중산층의 생활상태
많으면 넘치는 것 시작에서 차근차근
행복은 채우려 할 때 진실한 행복인 걸

약간은 부족함이 있는 것도 생활의 지혜
부족함 있어야만 채우려는 욕망이 있고
미리 다 채워놓으면 의욕 없는 삶 된다

살면서 채우면서 살아야 절약도 하고
든든한 빽도 있다 건강한 가족 두 열매
무엇과 바꿀 수 없는 재산 젊음과 건강

잔잔한 중산층이 가장 아름다운 행복
이 시간 만족하고 슬기로운 생활 속에
나에게 주어진 한도 견뎌냄이 알찬 행복

# 아름다운 정원

묵정밭 가운데 잘 다듬어 진
꿈이 피어나는 아름다운 정원 있다오

소나무 숲 사이 살짝 웃는 초생달
작은 별들 찾아와 숨바꼭질하는 두 호수
벌 나비 유혹하고 웃음 주는 복사꽃밭
주위를 살피는 확실한 중앙선 향기 날리고
바나나도 시샘하고 나서는 정원이다오

행복이 넘쳐 나는 아름다운 작은 펜션
하얀 진주알이 우렁우렁
타원형 쟁반 위에 올라앉아
보랏빛 사랑 나누는 정원이다오

누구도 흉내 낼 수 없는 정원
아무도 훔쳐 갈 수 없는 보석
행여 짓밟지도 못하는 사랑방
행복이 가득 찬 예쁜 정원이다오

보조개 생긋 미소가 피어나고
해님도 찾아와 어루만져 주는 정원
부모님이 꾸며주신 소중한 보물
바로 내 얼굴이다오

# 친정집

예나 지금이나 그 자리 그 모습
도로변 외딴 집 그림 같은 친정집
철 따라 각색 꽃이 무지개로 피어나는 집

나팔꽃 호박덩굴 탱자나무 손잡고
감나무 앵두나무
한가로이 하품하고 기지개 켜는 집

나지막한 언덕 위 오래된 동백나무
수줍게 미소 짓는 빨간 꽃잎
우물가 방긋 웃는 연산홍
서로 비벼 정 나누는 집

간장 된장 익어가는 까만 장독대
구석구석 어머니 냄새가 피어나고
치마끈 졸라맨 그 모습이 그리워
불러보고 또 불러보아도 이제는 대답이 없는 집

# 빨간 제라늄

찬바람이 싸늘하게 몰아치는 겨울
베란다 화분에서 활짝 웃는 빨간 꽃
겨울 속에 피어난 우아한 그의 자태
괴로움 이겨내고 생명 꽃 피어 낸다

불빛이 찾아주는 유리창에 기대앉아
긴 목 늘어 올려 눈 맞추는 밝은 얼굴
자고나면 또 다시 새 희망 주는 빨간 미소
눈 내린 한파 속에서 싱그런 꽃 피어낸다

무심코 지나가니 향기 뿌려 유혹하네
되돌아 바라보고 다시 한 번 윙크 하고
모두는 잠들었는데 계절의 벽 넘어 뛰어
물 한 모금 입 적시고 긴 생명줄 이어가네

## 올케언니

법으로 맺은 인연 우리 집 튼튼한 주춧돌
그 많은 사람 중에 인생고락 함께한 여인
그 이름 불러만 봐도 거룩한 올케 언니

고왔던 복사꽃밭 오십여 년 세월에 묻고
만복을 다 탔지만 건강복이 부족했나
세상은 안타깝게도 무거운 시련 안겨줬다

이 좋은 세상살이 건강해도 부족한데
병마와 시달리다 입원 퇴원 여러 차례
한치 앞 모르는 인생 그녀에게 평화 주소서

# 한 노인의 행복

2월생 소띠는 몸이 고단하다고
어려서 어르신들께 들은 얘기
나이 먹어 돌아보니 그런가 아리숭해

어려서 아버지 여의고 가장이 됐다
도시에서 직장 정년 퇴임하고
시골로 내려와 홀어머니 많은 동생들
크고 작은 일들 헤쳐내고 중년 되어 살자 하니
갑자기 마나님이 쓰러진다
다행이 몸만 반신 불구
마음 아픈 시련을 맞는다

자주 넘어지는 마누라 부둥켜안고
병원 입원 퇴원 여러 차례
팔순을 바라보면서 마누라 수발 고단수
칠십도 전에 혼자된 사람이 많지 않던가
지칠 대로 지친 얼굴
이대로만이라도 곁에 있어만 주면
행복함이라고 쓴웃음 웃는다

내 사랑 내 행복 주어진 내 운명
마누라 돌볼 수 있는 건강 주신 조상님께
감사드리며 힘 닿을 때까지
마누라와 함께 행복한 삶 살리란다

# 9인조 코미디언

조상님이 보내주신 아홉 남매
장난꾸러기 구인조 코미디언

모이면 지붕이 들썩들썩
약속도 없이 대본도 없이 즉흥 자작
헛소리를 꼬리 잡고 문제 삼아
향기 짙은 코미디로 전환시켜
웃음 씨앗 싹 틔운다

남 한 사람 끼지 않아도
모이면 언제라도 개그콘서트
어머니께 야단 들으면서도
또 그걸로 히죽히죽 짜갈짜갈
위 아래 분별없이 허물없는 친한 친구

젊음은 흘러갔어도 못 말리는 개구쟁이들
구인조 코메디언 개그 콘서트
시간이 갈수록 개그는 더 피어난다
철없이 사는 인생 이것이 행복이다

## 새벽 산책

바람 문 흔드는 소리에 잠이 깬 새벽
엄마 산책해요
조용히 문 열고 나서는 모녀

인기척에 다람쥐 놀래 뛰는 숲길을
걷는다 딸하고 둘이서
운장산 새벽 신선한 공기 모두가 내 것

벌래 소리 물소리 추적추적 발굽소리
엄마 여기 깊은 곳 조심
영원한 친구 티 없는 모녀
가슴에 새파란 향기 안고 걷는다

굽은 길 걸어 걸어 고요한 새벽 산속
나뭇잎 숨소리도 조용히 들린다
네 활개 가볍게 저으며 몸풀기 운동
행복에 젖어 하염 없이 하염 없이 걷는 모녀
벅찬 행복감 짙푸른 사랑
딸 사랑해 엄마 기분 좋지

# 제2의 고향

도시 생활 삼십팔년
한자리에서 삼십삼년 오뚝이 삶
꿈 키우고 아이들 키워낸 보금자리
인후동 2가 제2의 고향

세월 따라 바람 따라
아쉬움 없이 후회 없이 머물던 동네
인심 좋고 사통팔달 교통 좋은 곳
가족이 무탈하여 행복 했던곳

채움의 즐거움으로 은행으로 계방으로
먼 곳 가까운 곳 헤아림 없이 뛰어 다니던
행복 했던 삶 어머니 품속 같은 곳
그리운 그 동네 못잊어 못잊어서
자꾸만 생각이 난다
인후동 2가 제2의 고향

# 성묫길

햇살도 한풀 꺾인 구월 어머니 제삿날
어젯밤 제사 모시고 성묘 가는 길
실바람 가르며 차 네 대가 열지어 출발
무사히 성묘하고 돌아오는 길
어제 내린 비로 산속 길의 성질을
파악 못해 일이 일어났다
진땅에 차가 박혀 헛바퀴만 돌아댄다

이거 야단 났다 우리 밀자
모두는 일사천리 차를 민다
간신이 빠져 나왔지만
차는 흙 감투 사람은 흙 벼락
돌아보니 형제애를 시험하는
어머니의 지시였나

걱정했던 순간 우리는 경험을 쌓고
추억도 만들고 얼마 후 다시 모이면
재미있는 추억 얘기 나눌 얘깃거리겠지
이것도 부모님이 주신 사랑의 시험
우리 남매 일소일소 사랑을 다졌다

# 슬픈 이별

이 세상 왔다가 저 세상 간다는 건
자연의 순리라지만
순서 없이 먼저 떠나버린 건
원칙 없는 반칙이고 기막힌 슬픔이다

사랑이 부족했나 정이 모자랐나
갑자기 말 한마디 남김 없이
훌쩍 떠나 버린 무정한 사람아
오빠 언니 앞질러 형제들 외면하고
꼭 가야만 했더냐 그리도 바빴더냐

많은 형제 두고 힘들면 불러라도 볼 일이지
엎드려 얼굴에 상처만 남겨 놓은 아픔
홀로 몸부림쳤던 그 고통이 얼마나 컸더냐
사인死因도 시간도 모르는 죽음 너무 허무하다

함께했던 너와의 시간 떠올라
주체할 수 없는 슬픔 가슴이 쓰리지만
이 세상에서 이루지 못한 뜻 다 이루고
행복한 나라에서 편히 쉬렴

# 방 가운데 꽃

덩실덩실 방 가운데 예쁜 꽃 한 송이
네 발을 후적후적 전신운동 신이 난다
무엇을 생각하는지 소리내어 까르까르

신기한 동작 속에 조동아리 오물오물
밤내내 잠 못들어 칭얼대던 미운 놈이
아침에 다시 보면은 또다시 예쁜 꽃

닳도록 바라봐도 실지 않은 예쁜 요놈
내 일생 다 받쳐서 사랑 행복 다 주리라
내 생에 최고의 보물 씩씩하게 자라다오

# 빨간 티셔츠

오매오매 팔십대 중년 신사
흰 머리 염색하고 마음은 청춘
흐름 따라 백세를 바라보는 노후 활동
맨손체조 걷기운동 숙면이 최고라고
빨간 셔츠 즐겨 입고 빨간 꽃 피운다

시곗바늘이 몇 바퀴를 돌아야 팔십이 되든가
고비고비 만고풍상 강산이 몇 바퀴
문화의 혜택 받고 인생 제2막 사는 노신사
지난날 희로애락 모두 버리고
사랑하는 귀여운 자손들 바라보면서
마음 비우고 사노라니 이것이 행복이고
돌아보나 이것이 인생이었어요

살 맞대고 찌국짜국 먼지 같은 날들
긴긴 여름 일 많던 시절은 다 지나갔고
이제는 한가로이 여가를 즐기느니
과거 속에 숨은 세월 한 추억으로 자리하네

여보!
허덕이던 삶 한숨 돌리고 불러 봅니다
황막한 세상 속에서 내 반신 늘 푸른 나무
모든 잘못 참아주며 건강 지켜주어
이 자리에 내가 있습니다
나이 먹어 뒤돌아보니 감사뿐입니다

지나간 꿈만 같았던 세월
그 세월이 반세기 넘어 오십삼 년
어느새 이렇게 멀리도 와버렸네요

든든한 힘이 되어 주는
사랑 받쳐 기른 자식들
부모의 마지막 힘 넘어질세라 지켜봅니다

아이들
거치른 세상사 맡은 일 잘해 내니 고맙구나
욕심 말고 우리 모두 이대로만 잘살아가자
힘들면 쉬어가고 무거우면 나눠지고

이것이면 우리 가족 만족이고 행복이다
우애와 화목으로 즐겁게 살아가자 응

빨간 티셔츠
오늘도 막걸릿병 손에 들고 전화번호 뒤적인다
이 친구 저 친구 윗집 아랫집 친구 불러
건취해 기분 좋아 얼굴에도 빨간 꽃
하루하루가 즐거운 삶 팔십 살이 무색하다
술 취해 아이들이 보고프면 전화로 이름 부른다
팔십세 빨간 티셔츠 노을 속에 청춘이다.

4부

# 이사 가는 날

# 몽당연필

언니가 쓰고 버린
아주 작은 몽당연필

견딜 수 없는 아픔
칼날 앞에 무서운 삶

종말이 가련하구나
찾아주는 손이 없다

지우개 동무하고 모든 아픔 견딜 적에
새소식 전할 때는 먼저 찾던 나였건만
인정이 메마른 세상 휴지통이 내 집이다

## 나무와 의자

팔월을 부여잡고 명상 속에 긴 시간
매미의 슬픈 노래 가는 팔월 아쉬워서
마지막 작별의 노래 여름 밤을 재운다

아파트 산책로에 나무 하나 의자 하나
전생에 부부였나 그림 좋은 한 쌍 커플
고요한 밤하늘에서 은하수도 시샘한다

지나는 나그네들 아픈 다리 쉬어가라
가슴을 열어놓고 사랑으로 웃는 얼굴
행복한 여유생활로 여생을 지켜간다

# 가을 뒷자리

가을이 떠난 자리 가랑잎이 울고 있다
바람에 나뭇가지 소리 내어 울고 있다
부엉이 쓸쓸하다고 잠 못 자고 울고 있다

하얀 손님 마중 나간 비어 있는 뒷자리엔
햇살만 유유하게 뒷자리를 지키는데
찾아온 찬 서리 친구 하얀 손님 몰고 온다

뒷자리 빈자리에 옷깃 세운 백발 노인
가을을 등에 업고 뒷짐 끼고 한가롭다
석양에 가을 뒷자리 그림자도 우는 가을

# 생동하는 청춘

햇살 쏟아지는 벌판에서
파릇파릇 풀 잎사귀
만인의 애총 받고
생동하는 청춘을 본다

너는 사춘기 나는 황혼기
숨이 차게 뛰다보니
어느새 가버린 내 청춘
변동하는 세상 속에서
황혼 깃발이 춤을 춘다

하늘 나는 철새들도
청춘 노래 지지배배 소리 높네
떠오르는 청춘 애써 잊으려 해도
황혼 깃발만 춤춘다

# 이사 가는 날

인후동을 떠나며
동고동락 33년
정든 집 정든 이웃
발이 닳도록 오고갔던 골목길
주인이 바뀔 줄 아는지
묵묵히 미동도 않는 집

오랜 세월 같이한 희로애락의 정
상추 고추가 반겨주는 사랑했던 옥상
구석구석 손때 묻은 곳들
화단 나무들 헤어지기 싫어서
한참을 바라보고 눈시울이 젖어진다

이삿짐 차에 싣고 마지막 인사
잘 있어 그동안 고마웠어
인간과의 헤어짐은 다시 만날 날이 있겠지만
차안에 앉아있는 짧은 시간
지난날들이 주마등처럼 스친다

아이들 어려서 만나 잔뼈가 굵어졌고
짝지어 주느라 괴로움도 겪었는데
나이 먹어 헐렁해졌다고 모진 매도 맞았는데
작별의 순간 악몽에서 깨어나듯 매정하다

언제까지나 언제까지나 곱게 곱게
어루만져주려 했는데 갑작스런 작별
작별의 쓴맛이 가슴을 아프게 한다
부디 좋은 주인 다시 만나 영화 누리렴
애석한 마음으로
두 손을 불끈쥐고 돌아섰다

# 집 열쇠 처음 받고

햇볕도 따스한 어느 봄날에
이삿짐 차에 싣고 처음 발 디딘 곳
낯설고 길 설은 새로운 환경
집 열쇠 처음 받아들고
서먹한 기분으로 집에 들어선다

어디를 가나 사람 사는 곳
새롭게 깔끔이 정리된 공간
이상한 느낌으로 마음의 문을 연다
주는 정 받는 사랑 나하기 나름이려니

주어진 환경 속에서 새로운 출발
생활도 기분도 시간이 필요할 터
지혜롭게 화려한 보금자리 누리고
슬기로운 행복 엮어가리라

# 기계의 신통성

문화의 혜택으로 편리해진 세상살이
농협 인후동지점 인출 창구 앞에 서서
차례를 기다리고 서 있는데
앞에서 젊은 여인이 일 보고 휙 지나간다

다가서니 기계에서 돈을 인출하세요
무슨 소리인가 들여다보니
돈 이만 원이 있어 꺼내니까
소리는 멈추고 주인은 없어졌다

청원 경찰에 넘겨주고
그 여인의 마음이 되어 본다
허전한 마음 얼마나 허무했을까
동시에 우리 애들도 생각이 난다

신기한 세상
기계의 신통성에 놀라고
아무리 생각해도 이해가 안 되는 일
사는 것이 늙은이나 젊은이나 바쁜 세상

# 숙 자매의 10월 나들이

국화 향 그윽한 만추가절
숙 자매 부부 고창군을 거닌다
고향 냄새 시골 냄새 정이 깊은 곳
곳곳의 명승지 찾아 즐기는 하루 나들이

주인 잃고 삭막한 들판 쓸쓸함만 남겼다
짧은 휴식 시간 커피 한 잔 피로 잡아주고
국화와 하나 되는 숙 자매 내외 멋스러움
늦가을 정취 속에 평화로운 하루 나들이

고인돌 심원 장어구이 미당 서정주시문학관
인촌 김성수 생가 옛 임의 발자취를 보고
편안한 이웃과 함께 누리는 즐거운 나들이
도심에선 먼나라 눈으로 마음으로 느끼는 행복
국화 향만큼 향기로운 마음의 잔치
가는 시간 아쉬워서 너무 아쉬워서
흐르는 시간 꼬옥 묶어 놓고 싶다

# 별이 빛나는 밤에

한 어린 미망인
검은 머리 파뿌리 될 때까지
해로하자 언약해놓고
어린 딸 끈 하나 남겨놓고
먼 곳으로 훌쩍 떠나버린 사람

가슴 에이도록 그리움이 밀려온다
별이 빛나는 밤에 창문 흔들리는 소리에
생각지 않으려고 입술을 깨물지만
행여나 우연을 핑계하고 올 것만 같아
불 못 끄는 밤 영원히 오지 않네

세상 때 묻지 않은 어린 미망인
아이를 잠재우고
고독을 깨물던 숱한 날들
가슴 아리도록 떠오르는 마디마디
못 잊어 이름 불러보지만 대답이 없다

딸 예쁘게 자라 아빠를 보고파 하고

성전에 꿇어 앉아 기도 속에 목소리
아빠의 희미한 목소리 들린다
세월이 흘렀건만 따라다니는 그리움
어린 미망인 꼬오옥 안아주고 싶다

# 운장산 정글

사각사각
들어 봐도 알 수 없는 나무들 이야기
손 대주지 않았어도 웅장한 나무들
하늘 잡고 우렁우렁 잎사귀 비벼대고
바람에 사각사각 빗방울과 사각사각
정다운 이야기가 계곡만큼 깊어간다

고요한 밤 산 지킴이 쓸쓸한 외등 하나
그림인 듯 사진인 듯 아름다운 풍경
보일 듯 말 듯 정글 속에 작은 펜션
수줍게 몸 사리고 숲을 즐긴다

이름 모를 풀벌레
여름을 즐기고 밤을 노래한다
횡재러니 덤벼드는 무식한 모기놈들
사람 냄새에 촉 세우고 몰매 맞는 꼴

운장산 정글 대자연 속에 신비로움
꿈속의 세계 동화 속의 이솝 이야기

골짜기 골짜기에 숨어 있는 이야기들
계절은 바뀌어가도 변함없이 반겨주는 산
높은 산 봉오리 깊은 계곡 시원한 바람
흐르는 물소리 운장산을 덮씌우고 있다

## 빠똥비치 만
– 태국 배낭여행 13박 14일 중에

푸켓 스윈 호텔에서
버스로 약 30분 달려 빠똥비치 해수욕장
색동 비치파라솔 꽃밭 이루는 백사장
햇빛 내리쬐는 모래밭에 알몸인 서양인
예의도 양보도 없는 자리였다

빠똥비치 하얀 산호모래밭
4㎞나 된다는 긴 해변을 걷는다
산호모래 에메랄드 빛 바닷물에
가슴을 열고 마음을 던져
바다의 넉넉함을 본다

하늘 아래 아름다운 곳
작열하는 햇살 아래 1월을 즐기는 해수욕
바다의 포용력도 배려심도 배운다

어디를 가나 금수강산
알아들을 수 없는 말 조잘대는 장사치들
하루 해를 붙잡고 생명의 줄 이어간다
각기 다른 사람 사는 세상을 보고 배운다

# 날아다니는 해우소

비행기 두 팔 벌려 큰 꿈 안고 하늘 난다
태국행 이국만리 여섯 시간 비행 중에
행복을 찾고 싶어서 안절부절의 시간이다

없어선 안 되는 방 비행 중에 꼭 필요한 방
땅에서 하늘까지 주름잡는 높은 해우소
사람들 행복 주는 방 날아다니는 해우소

# 오며 가며 사귄 정

어느 날 우연한 전화 한 통
"우리 점심 같이해요"

오래 사귄 사이도 아닌 젊은 친구
복지관에서 함께 큰 숨 쉬는 사이
마음 써 불러주는 뜻이 고마워
사양보다 무조건 호응했다

오며 가며 남 다른 따뜻한 인사
웃음주고 정 주고 인연이었나
특별한 점심 가슴 맞대고
숟가락에 담긴 정 행복도 마신다

잊지 못할 짧은 이 시간 이 자리
점심이 주는 사랑 땀 닦으며
행복 가득 추억도 만든다
뚝배기 사랑 행복이 열 배

# 도깨비불

보슬비 내리는 밤 잠깨어 창가에 앉아
내리는 빗방울을 하염없이 바라본다
빗줄기 유리창 때려 미끄러지듯 흐르는 걸

어둠이 칠흑 같아 천지분간 어려운 밤
멀리서 불 하나가 엉금엉금 걸어온다
행여나 귀신불인가 나에게 물어 본다

보였다 안 보이고 멈추었다 다시 뛰고
머리에 살짝 남은 옛이야기 도깨비불
자동차 신호등 걸려 쇼하는 도깨비불

# 네모 보고 원이라고

네모 보고 원이라고
네모가 원도 되나
네모 속에 원이 있나
원을 그려 본다
네모를 생각해 본다
아무리 찾아도 답이 없다

주머니 속에서
바스락 손에 잡힌 지폐 한 장
맞다 답을 찾았다
지폐가 네모 돈이 원
그래서 네모가 원이 되는 거네
장난소리 웃어보자고

# 어머님의 네 번째 시집

어머님께서 네 번째 시집을 내셨습니다. 자식 넷을 낳아 훌륭하게 기르시더니 이제 어머니의 삶을 오롯이 보여주시는 시집을 네 번이나 발간했으니 축하하고 또 축하할 일입니다.

늙어 간다는 것은 슬프기보다 참 불편하다는 생각을 합니다. 육신이 마음을 따라 주지 않고 정신은 흐릿해지니 무얼 하든 힘든 일입니다.

불편한 몸에도 불구하시고 심혈을 기울여 가슴 속의 감정의 줄기를 글로 풀어내신 어머님의 정성이 그래서 더 값진 듯합니다. 또 그만큼 애잔한 마음이 들기도 합니다.

어머님의 시를 읽을 때마다 느끼는 것은 담백하고 고요하고 진솔하다는 것입니다. 어머님의 삶의 무늬와 감정이 고스란히 드러나 있다는 느낌입니다. 일찍이 공자께서 '시경詩經'의 시를 평 하실 때, '사무사思無邪'라는 말씀을 하셨습니다. 모름지기 시詩는 그 속에 사특한 마음이 없는 진정眞情이 담겨야 한다는 말일 것입니다. 어머님의 시 속에는 인생의 황혼에 느끼는 진정眞情이 느껴집니다. 그래서 어머님의 시집을 들고 아무 시나 읽어도 흐뭇한 마음이 절로 생깁니다.

가을, 겨울이 지나고 봄을 기다리는 지금, 어머님의 따뜻한 향기가 스민 시집을 받아들고 사랑하는 가족과 함께 낭송할 날이 기다려집니다.

어머님, 우리 곁에서 항상 보살펴 주시고 사랑해 주셔서 감사합니다.

연년세세年年歲歲 어머님의 시집을 보고 싶습니다.

2014년 겨울에

둘째 사위 올림

# 깎고 다듬고 고치는 시 쓰기의 즐거움

호병탁(문학평론가)

1.

문학은 삶에서 구할 수 있는 '낙樂'의 하나이고 그 주체가 작가이건 독자이건 그것은 기꺼이 즐길 수 있는 것이어야 한다. 그렇다면 시인에게 시 쓰기는 삶의 나날에서 벗이 되어줄 수 있는 소중한 즐거움이 되어야함은 당연하다. 그럼에도 왜 문학을 하는 것인지 이해할 수 없을 정도로 작품을 쓰는 것에도, 읽는 것에도 고통을 느끼는 사람들이 의외로 많이 있음을 우리는 주변에서 쉽게 목도하게 된다.

물론 좋은 작품을 깎기 위해서 하얗게 밤을 지새우는 불면의 고통이 있다. 문장에서는 결코 일필휘지란 있을 수 없다. 문장은 다듬고 다듬을수록 좋아지는 것이 상례다. 그러나 문장을 다듬는다는 것은 아름답게 '꾸미는' 것을 의미하는 것이 아니다. 오히려 꾸민 것을 벗겨내는 것이 퇴고의 과정에서 이루어져야 할 일이 된다. 이처럼 깎고, 다듬고, 고치는 과정은 불면의 밤을 야기하게 되고 이는 고통으로 느낄 수 있는 정신적 노동이 된다. 그러나 이 노동은 '사랑의 노동'이라 할 수 있다. 누구나 사랑하고 사랑받기를 원한다. 그렇다면 '사랑의 노동'은 누가 시켜서 억지로 하는 노동이 아니라 스스로 좋아서 하는 노동이다. 만약 자발적이 아니라 강제적으로 하는 노동이라면 그것은 진짜 고통이 될 수밖에 없다. 따라서 이런 '사랑의 노동'으로 인한 고통은 실상 고통이 아니라 '즐거움'이 되는 것이다.

나는 문학을 즐길 수 있는 것으로 유도해야한다는 비평가설을 전적으로 수용하는 사람이다. 상투적인 비평 관용구를 대화에서 즐겨 쓰고 난삽한 외국문학에 대해 열을 내며 토론하지만 모국어로 된 동시 하나 제대로 해석하고 이해하지 못한다면 그것은 문학문맹이나 다름없다. 모국어를 '사랑'하고 '즐길' 수 있는 사람만이 진정한 문학이해에 다다를 수 있다. 사랑하기 때문에, 즐길 수 있기 때문에 그것은 고통이 아니라 기쁨이 될 수 있는 것이다.

2.

나는 김숙 시인을 한 번도 만나 본 일도 없고 그분의 성함도 이번에 처음 듣는다. 물론 모든 문학작품은 작가의 역사 · 전기적 배경에 대한 지식이 없어도 이해되고 감상될 수 있을 것이다. 그러나 어느 예술가도 '혼자'서는 완전한 의미를 만들 수 없는 것이며 모든 예술작품에는 '외적 환경'이 수반되고, 우리가 그것을 제대로 이해할 때 작품은 부가적 의미를 창출할 것이다. 그러나 나는 시인에 대한 정보가 전혀 없다.

그럼에도 상상력의 소산인 문학의 세계는 현실을 매개하는 것이며 상상력의 활동과 기능은 '무'의 상태에서는 가능하지 않다. 상상력은 일상생활의 모든 '체험'을 바탕으로 해서 새롭고 의미 깊은 형상을 창조하는 능력이다. 그것은 경험된 사실에 기초하는 것이다. 즉 문학의 토대는 '체험'이고 체험은 한 작가의 인생이 지속되는 동안 끊임없이 반추되고 또한 그것은 작품에 반영될 수밖에 없다. 우리는 시인의 작품 행간에서 이미 현실적인 체험을 바로 감지할 수 있다.

친구 소개를 받고 찾아간 영등 도서관
시 여울 창작교실 물어물어 조심스레 문을 열지만
가슴 두근두근 대고 마음 조마조마 하여
당장 돌아서 뛰쳐나오고 싶다
무슨 끈이라도 있으면 당장 매달리고 싶다

어렵게 찾아든 이곳 시 창작교실
서리 하얗게 내린 머리 어쩔 수 없지만

분홍색 인생 다시 꿈꾸며
잘 알아듣지 못하는 교수님 말씀
열심히 듣고 정성껏 적는다

새로 만난 친구들
어색한 웃음 속에 눈이 빛난다
노년의 주름진 웃음이지만
시를 꿈꾸는 눈초리 팽팽하기만 하다
처음 시작하는 설레는 이 시간
남은 인생 중 가장 이른 시간이다

— 「시 여울 창작교실」 전문

애당초 수사학의 목적은 '설득'이다. 결국 청중을 설득하기 위한 방편으로 웅변술에서 채택된 수사학은 이제 독자가 어떤 방식으로든 문학작품에 반응하도록 하는 데 사용되는 글쓰기 전략이다. 그러나 아무런 수사도 없이 제대로 독자의 반응을 이끌어 낸다면 그것은 독자와의 협상에 성공한 셈이다. 인용된 시편은 시인의 진솔함과 순박한 어법을 그대로 보여준다. 어떤 '포즈'도 배제된 솔직한 언어는 어떤 수사를 사용한 문장보다 설득력 있게 독자에게 다가온다.

우리는 위의 시를 읽으며 많은 것을 알게 된다. 시인은 노년의 삶을 살고 있고 시의 연치는 짧다. 시인은 지나간 삶의 긴 여정에서 시를 쓰고 발표한 일은 없었다. 그러나 오랫동안 독자의 위치에 존재하며 시를 사랑했음에 틀림 없다. 즉 시에 대한 '사랑의 고통'을 즐거움으로 여긴 사람이다. 그러기에 결국은 백발의 연세에 시 창작교실을 찾아가게 된 것이 아닌가.

시인은 "친구 소개를 받고" 영등 도서관을 찾아간다.(영등동이 익산에 있으니 시인은 익산에 거주하는 것 같다.) 그곳에는 "시 여울 창작교실"이 있는 곳이다. 교실 문을 그냥 드르륵 열고 들어가는 게 아니다. "물어물어 조심스레" 문을 열고 들어간다. 가슴은 "두근두근 대고" 마음은 "조마조마"하다. 우리는 이 표현에서 처음으로 시 공부를 하려고 그곳을 찾는 시인의 부끄럽고 설레는 심경을 여실하게 느낄 수 있다. 오죽했으면 "당장 돌아서 뛰쳐나오고" 싶었을까. "무슨 끈이라도 있으면 당장 매달리고" 싶었을까. 여기서 '끈'이란 말에 눈길이 간다.

끈은 물건을 묶거나 매는 데 쓰는 것으로 우리는 묶고 매는 것뿐만 아니라, 그것을 풀기도 하고, 꼬기도 하고, 엮기도 한다. 그러나 끈은 '먹고 살아갈 길'이나 '의지할 만한 연줄'이라는 의미를 함유한다. 끈 떨어졌다라고 하면 밥줄이 끊어졌다는 말이다. 또한 혼자 뒤떨어져 의지할 곳이 없게 되었다는 말도 된다. 창작교실을 처음 찾은 시인의 심경은 맨 마지막 의미에 해당된다. 하기야 시 공부하러 이제야 나갔는데 기성 문단사회와 무슨 끈이 있었겠는가. 그래도 어떤 끈이라도 있으면 "매달리고" 싶다. 이 매달린다는 표현은 시인의 절박한 심경을 더욱 절실하게 만들고 있다.

3.

사실 시인은 진작 시 공부를 하고 시를 쓸 수도 있었을 것이다. 그러나 가족과 주위를 돌보며 살아야하는 삶이라는 것이 개인적으로 하고 싶은 일에 편안한 길을 쉽게 터주지는 않는 법이다. 그러다보니 "서리 하얗게 내린 머리"가 되고서야 창작교실에 "어렵게 찾아"들게 된 것이다. 그러나 시인은 진지하다. 지금이야 말로 때가 된 것이다. 이제는 오히려 가족과 주위로부터 돌봄을 받아야 될 때가 되었다. 따라서 독자의 입장으로 사랑해왔던 시를 작가의 입장이 되어 직접 쓰며 "분홍색 인생"을 다시 꿈꿀 수 있게 된 것이다. 교수의 강의를 "열심히 듣고 정성껏 적"고 있는 시인의 모습에서 글을 읽는 우리도 무언가 가슴 설레는 기분이 든다.

그곳에서 시 공부를 하는 나이 드신 분은 시인뿐이 아니다. 그곳에는 같은 연배의 "새로 만난 친구들"이 있다. "노년의 주름진 얼굴"에 "어색한 웃음"으로 만났지만 그들의 눈은 빛이 난다. 꿈을 잃은 눈은 공허하다. 그러나 꿈꾸는 눈은 광채가 난다. "꿈꾸는 눈초리"는 주름진 얼굴과는 아무런 상관도 없이 "팽팽하기만" 하게 되는 것이다.

시인은 "처음 시작하는 설레는 이 시간"이 "남은 인생 중 가장 이른 시간"이라며 시를 마감한다. 멋진 말이고 또한 맞는 말이다. 내일 시작하면 하루가 늦게 되고, 내년에 시작하면 한 해가 늦어진다. 늦었다고 생각하는 오늘, 지금이 가장 이른 시간이 된다. 이 시구를 통해 전달되는 시인의 마음가짐은 우리에게 찬물을 뒤집어쓰게 하는 성찰의 기회를 제공한다. 과연 지금 우리에게 '새로 시작하는 설레는 마음"은 과연 얼마나 있었던가. 청장년을 넘기고 난 후에 그런 마음이 있기나 했던가.

4.

출판사에서 시집원고를 받고 처음에는 당혹감을 느꼈음을 고백한다. 세련과는 거리가 먼 소박한 글, 다듬어지지 않은 순박한 어법, 가식 없는 무심한 문장들은 아주 이례적인 것으로 다가왔기 때문이었다. 그러나 앞의 인용시를 읽고 가슴이 뭉클 하는 감동으로 즉시 글을 쓰기 시작했다.

앞서도 언급했지만 시를 읽고 배우고 쓰는 일은 '즐거움'이다. 그러나 이 즐거움이 누구에게나 해당되는 일은 아니다. 어떤 사람에게는 오히려 고통이 될 수도 있다. 문학작품의 가장 큰 독자는 의외로 문인들이다. 즉 시의 가장 큰 독자들은 바로 시를 쓰고 즐기는 시인들인 것이다. 이런 사람이 많으면 많을수록 문단은 풍요로워진다. 시를 쓰고 책을 만드는 사람이 많을수록 문단뿐 아니라 출판계도 풍요해질 것임은 자명하다. 사실 시라는 것은 특별한 사람만 쓰는 것이 아니다. 어려워야할 이유도 없다. 평범한 사람이 평범한 대상들과 가슴에 나눈 이야기를 평범한 언어로 진솔하게 쓰는 것이 시라고 나는 믿고 있다. 그리하여 독자들의 가슴에 어떤 울림을 만들어낸다면 성공한 시라고 본다.

> 베란다 화분에서
> 가냘픈 삶 사는 나무
>
> 눈 뜨면 마주하고
> 웃으며 인사했지
>
> 물 한 모금 받아 마시며
> 잎을 내고 꽃을 피웠지
> 작은 열매도 몇 개 달았지
>
> 비바람 모르는 창안에서도
> 가을 가는 줄 어찌 알고
> 잎을 떨구네
> 세월 무심하다고 옷을 벗고 있네

— 「감나무」 전문

시인의 집에 있는 감나무는 실내에 있는 화분에 산다. 시인은 이 나무를 무정물이 아닌 유정물로 대하고 있다. 그러기에 나무를 보고 웃으며 인사할 수 있는 것이다. 이 나무는 주인의 마음을 알기라도 하는지 "물 한 모금 받아 마시며" 계절이 바뀔 때 마다 "잎을 내고 꽃을 피우더니"

마침내 "작은 열매도 몇 개 달고" 있다. 실내에 있는 이 나무는 창밖의 비바람을 알 수 없다. 그러나 계절에 따라 자기 할 일을 다 하고, 가을이 지나가자 잎을 떨구기 시작한다. 비록 실내의 화분에 심겨져 있지만 이 나무는 밖의 나무처럼 위대한 자연의 순리를 따르고 있는 것이다. 시는 물 흐르듯 진행되고 있고 소통과 이해에 아무런 지장이 없다. 그러나 우리는 시인이 나무와 나누는 따뜻한 정을 느낀다. 또한 자연의 이치에 순응하고 있는 나무의 모습에서 우리는 자신의 삶을 돌아보게 되는 성찰의 시간을 갖게 된다. 무릇 살아 있는 모든 것들이 어찌 자신의 생명 논리를 가지지 않을 수 있겠는가.

5.

시인은 이제 노년의 삶을 살고 있다. 그래서인지 「감나무」에서처럼 사물을 보는 눈길은 따뜻하고 그윽하다. 한편 쓸쓸한 심경도 여실하다. 시인은 인생의 황혼을 늦가을의 가랑잎에 비유하며 지나간 자신의 삶을 반추한다.

> 가을이 남기고 간
> 바람 부는 쓸쓸한 거리
>
> 가랑잎 제철 잃고
> 이리저리 몸 궁굴리며

갈 길 찾아 헤매지만
갈 곳은 없다

코앞에 다가온 겨울 앞에서
매서운 바람에 등 떠밀려
찾아든 곳 청소부 빗자루 아래

귀찮은 한 줌 쓰레기 되어
청소차에 실려 간다

―「가랑잎」 전문

거리의 가로수는 그 무성한 잎으로 오가는 사람들에게 그늘을 만들어주었을 뿐 아니라 사랑과 낭만의 서정을 제공했다. 그러나 여름은 갔다. 이제 가을이 오고 낙엽이 지자 무성했던 잎은 가랑잎이 되어 거리를 방황한다. 바람에 밀려 이리저리 쓸려다니지만 결국은 "청소부 빗자루 아래"에 위치할 수밖에 없다. 거리를 청소하는 미화원에게 가랑잎은 노동을 배가시키는 귀찮은 존재에 불과하다. 즉 "한 줌 쓰레기"로 존재할 뿐이다. 따라서 환경미화원은 가차 없이 가랑잎을 쓸어 모아 "청소차에 실려" 가게 한다. 그것이 바로 그의 일이다. 그토록 사람들을 즐겁게 하던 푸른 잎들은 이렇게 일생을 마감한다.

꽃이 피면 지고, 달이 차면 기운다. 사람이 죽는다는 것도 이와 같이 필연적인 것이다. 어떤 사람은 늙어 죽고, 어떤 사람은 병들어 죽고, 또 어떤 사람은 사고로 죽기도 한다. 이처럼 '언제 어떻게' 죽는가하는 것은 '우연'이 될 수도 있지만 결국 어느 누구나 죽는다는 것은 '필연'이다. 시인은 필연 속에서 일어나는 우연을 길거리의 가랑잎을 통해 담담하게 진술하고 있다. 이런 담담함은 의연함과도 맥락을 같이한다.

> 우뚝 서 있는 하얀 집
> 이웃 없이 홀로 선 외로운 집
> 세상 싫다고
> 떠나는 친구
> 가슴열고 안아 주는 집
>
> —「납골당」 전문

납골당은 사람이 죽어서 가는 곳이다. 물론 이런 건물 옆에 주택가가 있을 리가 없다. "이웃 없이 홀로 선 외로운 집"이다. 그러나 이 집은 "세상 싫다고/ 떠나는 친구"도 "가슴을 열고 안아 주는 집"이다. 통상 차게만 느껴지는 납골당이 갑자기 따뜻한 온기를 띤다. 시인은 이처럼 죽음을 의미하는 납골당에게도 온기 있는 의연한 눈길을 주고 있다.

6.

시인의 여러 시편에는 과거를 회억하는 내용이 많이 나타난다. 특히 다음과 같은 시는 큰 울림으로 우리를 공감하게 한다.

예나 지금이나 그 자리 그 모습
도로변 외딴 집 그림 같은 친정집
철 따라 각색 꽃이 무지개로 피어나는 집

나팔꽃 호박덩굴 탱자나무 손잡고
감나무 앵두나무
한가로이 하품하고 기지개 켜는 집

나지막한 언덕 위 오래된 동백나무
수줍게 미소 짓는 빨간 꽃잎
우물가 방긋 웃는 영산홍
서로 비벼 정 나누는 집

간장 된장 익어가는 까만 장독대
구석구석 어머니 냄새가 피어나고
치마끈 졸라맨 그 모습이 그리워
불러보고 또 불러보아도 이제는 대답이 없는 집

—「친정집」 전문

위의 시는 각 연의 말미에 '집'이라는 동일한 언어를 반복 병치시키고 있어 시적 리듬을 살리는 동시에 대상에 의해 환기된 정서를 독자로 하여금 그대로 느낄 수 있도록 하고 있다. 일반적으로 문장은 주어와 술어로 구성된다. 하지만 위의 시는 명사인 '집'이라는 주어는 있지만 그를 설명하는 어떤 동사, 즉 술어가 없다. 단지 수식어들만

'집' 앞에 위치하여 여러 가지 집의 모양을 수식해주고 있을 뿐이다. 이런 언어조형 방식은 내용을 꾸미기 위한 장식적 의미의 수단이 아니다. 이는 시인의 면밀한 계획에 의해 일상 언어가 갖고 있는 속성을 확대시키고 변형시키는 역할을 한다.

심상 또한 생생하여 우리도 시인과 함께 시인의 친정집 마당에 들어서 있는 것 같다. 그곳은 "철 따라 각색 꽃이 무지개로 피어나는 집"으로 "나팔꽃 호박덩굴 탱자나무"가 서로 "손잡고" "감나무 앵두나무"가 "한가로이 하품하고 기지개 켜는" 곳이다. 이 정겨운 집 뜰에는 "오래된 동백나무"와 우물가의 "영산홍"도 함께 참여하여 정을 나누고 있다.

위 시에서 가장 중요한 부분은 마지막 연이다. 지금까지는 친정집 뜰의 아름다운 정경이 묘사되었지만 이 연에서는 시인의 강한 내적 정서가 표출되고 있다. 한 가정에서 장독대는 부엌과 더불어 여인네만의 특별한 장소다. "간장 된장 익어가는 까만 장독대"는 바로 시인의 친정어머니가 식구들을 위해 "치마끈 졸라"매고 일하시던 곳이다. "구석구석 어머니 냄새"가 깃들어 있는 장소란 말이다. 시인은 친정집의 그 어머니의 모습이 사무치게 그립다. 그러나 아무리 불러보아도 이제 어머니의 대답이 들리지 않는 집이 되고 말았다. 각 연이 '집'이란 언어로만 마무리 되는 위 시는 마지막 연에서 우리의 코끝을 찡하게 하는 울림이 있다.

평범한 사람이, 평범한 언어로, 평범한 대상에 대해 진솔하게 기술함으로 공감의 울림을 만들어낸다면 성공한 시라는 앞서의 주장을 설득력 있게 만드는 작품이 바로 이런 시가 될 것이다.

7.

자본주의사회에서는 상품이 그 진정한 가치인 '쓰임새', 즉 '사용가치'를 위해 생산되는 게 아니라 그것을 많이 팔 목적으로, 즉 유통량에 의해 가늠되는 '교환가치'를 겨냥하여 생산된다. 사용가치는 부차적인 것으로 밀려나 오히려 상품의 수익성에 딸린 수단으로 간주된다. 이처럼 진정한 가치가 비진정한 가치로 가늠되면 인간과 사물, 사물을 통한 인간과 인간의 관계 역시 비진정한 가치로 타락한다. 이런 가운데에서도 사용가치만을 위해 생산하는 소수의 사람이 있다. 바로 예술창작에 종사하는 사람, 특히 시인 같은 사람들이 그 대표적인 예가 될 것이다.

나는 이 글의 서두에서 문학은 그 주체가 작가이건 독자이건 즐길 수 있는 것이어야 한다고 언급한 바 있다. 당연히 시인에게 시 쓰기는 삶의 소중한 즐거움이 되어야하는 것이다. 바로 시인 같은 사람은 '교환가치'를 위해 작품을 만드는 것이 아니다. 자신의 즐거움을 위한 '사용가치'

를 위해 시를 생산하는 사람이다. 나는 시인에 대해 어떤 정보도 없다. 그럼에도 나는 시인이 '설레는 가슴'으로 새롭게 시 공부를 하고 또한 시집까지 엮고 있음을 안다. 시인은 무슨 끈이라도 있으면 매달리고 싶다고 작품 안에서 심회를 토로한 바 있다. 그러나 세상을 끈 없이 살아가는 사람들도 의외로 많다. 오히려 세상과 많은 끈을 대고 살다보면 - 그래서 그것이 배부른 끈이 되고 말면- 아무리 외롭고 높고 쓸쓸한 경지의 시를 쓰고자 해도 그것은 뜻대로 될 수 없을 것 같은 생각이 든다. 시인은 확실히 끈 없이 쓸쓸할 필요가 있다. 나는 그런 시인들이 더 정답게 느껴진다. 유명한 시인에게는 오히려 인색하고 무명의 시인에게는 한 번의 눈길이라도 더 주고 싶다.

> 가을이 떠난 자리 가랑잎이 울고 있다
> 바람에 나뭇가지 소리 내어 울고 있다
> 부엉이 쓸쓸하다고 잠 못 자고 울고 있다
>
> —「가을 뒷자리」 부분

이런 심경의 마음이 좋은 시를 깎게 할 수 있을 것이다. 자신의 창조물이 교환가치를 얻어 유통되기를 바라며 타락하는 시인도 많다. 교환가치의 구체적 표현인 '돈과 사회적 명성'을 위해 벌어지는 행태는 우리 주위에도 수두룩하다.

시인의 진솔함과 순박한 어법은 바로 끈 없는 사람에게

서 야기되는 것이다. 그러나 무엇보다도 중요한 것은 시인은 시를 사랑하고 있다. 시에 대한 '사랑의 고통'을 즐거움으로 여기는 사람이다. 깎고 다듬고 고치는 시 쓰기의 즐거움을 마음껏 누리기를 기원한다.

김숙 시집

# 아름다운 정원

**인쇄** 2014년 12월 25일
**발행** 2014년 12월 29일

**지은이** 김 숙
**발행인** 서정환
**펴낸곳** 신아출판사
**주소** 전북 전주시 완산구 공북 1길 16(태평동 251-30)
**전화** (063) 275-4000 · 0484 · 6374
**팩스** (063) 274-3131
**이메일** shina2347@naver.com sina321@hanmail.net
**출판등록** 제465-1984-000004호
**인쇄 · 제본** 신아출판사



**ISBN** 979-11-5605-173-2 03810
값 10,000원

Printed in KOREA